Soyez Avec Vous

La Réalité Sans Pensée

Soyez Avec Vous

La Réalité Sans Pensée

Shri Ramakant Maharaj

Traduit de l'Anglais
Par Jean-Claude Dhainaut

Édité par Ann Shaw

© 2016 Ann Shaw

Deuzième impression: juin 2016

ISBN: 978-0992875688

Publié par

Selfless Self Press

www.ramakantmaharaj.net
www.selfless-self.com

Tous droits réservés. Aucune partie de cette publication ne peut être reproduite, stockée dans un système de recherche documentaire, traduite ou transmise sous toute forme ou par tout moyen, électronique, photocopie mécanique, enregistrement, ou autrement, sans autorisation écrite préalable de '**Selfless Self Press**'.

Préface

"***Soyez Avec Vous** – La Réalité Sans Pensée*" contient les enseignements directs, spontanés du Maître Réalisé, Shri Ramakant Maharaj. Nous sommes très fortunés que ce Maître parle Anglais ! Cela a facilité la retranscription de ces enseignements en limitant au maximum les altérations possibles.

Ces mots précieux et sacrés, d'une portée universelle, n'ont jamais été entendus avant si clairement. Ils sont frais, pénétrants et provocants, offrant le plus court chemin vers la Réalisation de Soi.

Ce livre au format de poche, pour le martèlement direct, est conçu pour secouer et réveiller les chercheurs hors de leur monde de rêve illusoire dans lequel ils sommeillent. Page après page, les gouttes de nectar commencent à dissoudre vos concepts illusoires, vous rappelant votre Identité oubliée en imprimant la Réalité dans vous.

Ce livre n'est pas conçu pour être lu

comme les autres livres de la connaissance liée au corps, qui ont été écrits uniquement avec le mental et l'intellect. Le Maître ne partage pas des pensées ou des idées. Cette Connaissance est "au-delà des mots et des mondes". Elle vient du 'fond sans fond' de la Réalité. Ce qui est présenté ici - en utilisant le nécessaire médium des mots pour communiquer le sens – est l'essence de la Réalité Sans Pensée, en parlant à l'essence de votre nature essentielle. La même essence, l'Unité. Cela signifie la Connaissance du Soi sans soi, qui est avant, et au-delà, du corps-forme.

Le Maître inlassablement vous rappelle votre vraie Identité. "Vous êtes l'Ultime Vérité, l'Ultime Réalité. Il n'y a rien excepté votre Soi sans soi". Les mots du Maître ou du Gourou ne sont pas là pour le débat. Il partage la Vérité, votre Vérité, votre Réalité. Tout ce qui est demandé est votre acceptation. Alors écartez-vous simplement et témoignez de la miraculeuse transformation.

"Connaissez-vous vous-même dans un

sens réel avant qu'il ne soit trop tard. Autrement vous serez secoué de tremblements de peur sur votre lit de mort", prévient le Maître. *Soyez Avec Vous* est l'appel au clairon pour nous tous afin de nous éveiller de ce long rêve que l'on appelle la vie. Il est chargé d'un sentiment d'urgence et d'une puissance énorme qui effectivement pénètrent les couches de l'illusion.

"Laissons cette Vérité marteler l'égo, afin que vous soyez capable de réclamer votre bien – la Vérité Manquante. La vie diminue à chaque instant, donc ne prenez pas cette connaissance à la légère. Regardez-vous! Soyez avec vous!" clame le Maître avec un sentiment d'urgence.

Concentrez-vous sur cette connaissance, la laissant vous toucher au plus profond de votre cœur. Alors, lentement, silencieusement et en permanence, sans aucun doute, l'Ultime Réalité émergera.

Ann Shaw Éditrice   12 mars 2016

Shri Ramakant Maharaj est un rare, très très rare, Maître Réalisé. Il était avec son Maître Shri Nisargadatta Maharaj (ci-dessous) depuis 1962 jusque son Mahasamadhi en 1981.

LE BUT DE

LA SPIRITUALITÉ

EST DE

SE CONNAÎTRE SOI-MÊME

DANS UN SENS RÉEL,

DE SUPPRIMER L'ILLUSION

ET

DE DISSOUDRE TOUTE

LA CONNAISSANCE

LIÉE AU CORPS.

Votre

Présence Spontanée

Est

Silencieuse,

Invisible,

Anonyme,

Identité Non Identifiée.

VOUS

ÊTES DÉJÀ

RÉALISÉ,

JUSTE

VOUS

NE LE SAVEZ PAS.

Vous Avez Lu

Tous les Livres

Mais

Avez-Vous Lu

Le Lecteur?

Ne Prenez pas Mes
Mots Littéralement.

C'est Ce Que
J'essaye de Vous
Transmettre
Qui Est
Important.

La Signification
Derrière les Mots.

Tout Ce Que Nous Savons
Est l'Ignorance.

Ce Que Vous
Ne Comprenez Pas

Ce Qui est
Au-delà de la Connaissance
EST LA VÉRITÉ.

Donc Restez
Juste Tranquille.

Le Questionnement
De Soi Mène à
La Connaissance de Soi

Et

La Connaissance de Soi
Mène à
La Réalisation de Soi.

Vous Avez Oublié
Votre Identité.

Le Maître Vous la Rappelle.

Vous N'Êtes Pas le Corps.

Vous N'Étiez Pas le Corps.

Vous N'Allez Pas
Rester le Corps.

Fait Révélé.

Le Mental est Juste
Le Flot des Pensées.

Il N'a Aucune Réalité
En Propre.

Le Corps est Juste
Le Corps de Nourriture.

MAIS VOUS ÊTES
OMNIPRÉSENT.

VOUS ÊTES
L'ULTIME RÉALITÉ.

Vos Fichiers
Sont Corrompus.
Vous Avez Besoin d'Installer
Le Logiciel Anti-Virus
De La Méditation Pour
Supprimer le
Programme d'Illusion.

La Méditation est
La Seule Voie pour
Redémarrer votre Disque-Dur.

La Clé du Maître,
Le Naam Mantra
Ouvrira la Porte de
LA RÉALITÉ.

Vous vous Connaissez
Vous-même
Dans le Corps-Forme.

CE N'EST PAS
VOTRE IDENTITÉ.

Vous Souffrez
D'Illusion chronique.

Le Naam Mantra
Vous guérira.

Vous devez
Sortir de ce
Monde Entier Illusoire.

On Vous A dit
Que vous Êtes Un Homme ou
Une Femme.

Vous Avez Acceptez
Cette Illusion.

Le Maître Dit
"Vous Êtes Dieu Tout-Puissant".

Vous N'Acceptez Pas
Votre Réalité.

La Réalité
N'a Rien à Faire
Avec les Mots.

VOUS ÊTES NON NÉ.

Rien n'Est Arrivé,
Rien n'Arrive,
Rien ne Va Arriver.

Lire des Livres n'est Pas Suffisant.

L'Étude n'est pas Suffisante. Qui Lit?

Qui Étudie?

TROUVEZ!

Quand l'Esprit
A cliqué Avec le Corps

**TOUTE LA CONNAISSANCE
LIÉE AU CORPS DÉMARRE:**

Impressions,
Conditionnements,
Pressions, Concepts

Que Vous Acceptez.

**CELA VOUS A PIÉGÉ
DANS LE MONDE ILLUSOIRE.**

Soyez Clair!

Il n'y a pas de "Je Suis".
Il n'y a pas de "Vous Êtes".

Ce Sont
Seulement
Des M. O. T. S.

Vous Êtes Au-Delà des Mots
Au-Delà des Mondes.

VOUS DEVEZ
SORTIR DE
CE MONDE ILLUSOIRE.

Votre Présence
N'a Besoin de
Rien.

Alors,
QUI DÉSIRE
La Paix?

Alors,
QUI DÉSIRE
Le Bonheur?

**C'est un Rêve
Qui Est Sorti des
Relations du Corps,**

Que Vous N'Êtes Pas.

**Que Vous N'Étiez Pas
Et
Que Vous ne Serez
JAMAIS.**

Le Mantra
Est un Outil Utile
Qui Martèle l'Égo
Et Dissout
Tous Vos
Concepts Illusoires.

ENSUITE
Vous Aurez
Une Solide Fondation.

Le Corps est Fait
Des Cinq Éléments.

Nous Restons
Sur une Base de la Location,
Empruntant la Nourriture et
L'Eau.
Vous Avez une Licence
Pour Peu d'Années.
Aussitôt Que Vous Arrêtez
de Fournir Nourriture et Eau
Alors vous Êtes Jeté
Hors de Votre Maison.

**METTEZ
LA SPIRITUALITÉ
DE CÔTÉ POUR UN INSTANT!**

**Ne Voyez Vous pas Que
Vous N'Étiez pas le Corps!
Vous N'Êtes pas le Corps!
Et
Vous N'Allez Pas
Rester le Corps!**

**C'EST UN
FAIT RÉVÉLÉ!**

Questionnez le Soi!

Découvrez
Ce Que Vous N'Êtes Pas!

Supprimez Toutes les Couches
Illusoires Sur Votre
Présence.

VOUS N'AVEZ JAMAIS ÉTÉ
EN ESCLAVAGE.
VOUS ÊTES LIBRE COMME
L'OISEAU.

LA MORT EST ILLUSION.
LA NAISSANCE EST ILLUSION.

CETTE CONVICTION

DOIT

APPARAÎTRE

DANS VOUS.

Vous Avez Une Puissance
et une Force Énormes
Mais Vous Êtes
Inconscient
De Votre Puissance

PARCE QUE

VOUS AVEZ ACCEPTÉ

LE CORPS-FORME.

Avant d'Être
Vous
Ne Connaissiez
RIEN
Même pas le Mot
'CONNAISSANCE'.

Tout Sort
De Rien
Et se Dissout
En Retour Dans Rien.

Vous Avez Été
JETÉ
Dans l'Océan
De
Ce
Monde Illusoire.

Maintenant Vous DEVEZ
Nager Hors
De
Cet
Océan Illusoire.

VOUS
LIMITEZ
VOTRE RÉALITÉ
EN
LA NOMMANT.

LA RÉALITÉ
N'EST PAS LÀ POUR
LE DÉBAT.

Votre Disque-Dur
Est
Endommagé.

Soyez Comme Vous Étiez
Avant tous ces Ajouts.

LA CONNAISSANCE DE SOI
SIGNIFIE L'ABSORPTION
DE LA CONNAISSANCE QUE
"JE NE SUIS PAS LE CORPS".

**COMMENT
VOUS
ÉTIEZ**

**AVANT
D' ÊTRE**

**EST
LA RÉALISATION
DE SOI.**

**VOUS N'ÊTES
P A S
LE CORPS

VOUS ÊTES
LE SUPPORT
DU
CORPS.**

Le Monde est Projeté
HORS DE
Votre
Présence Spontanée.

RÉVEILLEZ-VOUS
DE CE RÊVE AVANT
QU'IL NE SOIT TROP TARD.

C'est une
OPPORTUNITÉ EN OR
De Vous Connaître
Vous-même
Et de
METTRE FIN
À LA SOUFFRANCE.

Je Ne Parle Pas
À Vous.
J'Invite l'Attention
De
L'Auditeur Silencieux
Invisible
Dans Vous

QUI EST
L'ULTIME RÉALITÉ.

Vous Avez
Une Puissance Énorme.
DIEU EST VOTRE BÉBÉ.
DIEU EST UN CONCEPT.

LA PRÉSENCE DOIT
ÊTRE LÀ EN PREMIER
Pour
Vous Permettre de Dire:
'Dieu' ou 'Dieu Existe'.

Sans Votre Présence
Vous Ne Pouvez Pas
Prononcer Un Seul Mot.

Votre Présence
EST
Partout.

VOUS ÊTES
AU-DELÀ
DU CIEL.

IL N'Y A PAS
D'INDIVIDUALITÉ.

Tout sort de
Rien et Se Dissout
En Retour dans Rien.

Et dans le Rien
Cela Semble
Être Quelque Chose.

Quand Vous n'En Savez
Pas Plus
Vous Acceptez Ce Rien
Comme Quelque Chose.

**VOUS ÊTES
LE MAÎTRE
Mais Vous Agissez
Comme un ESCLAVE
Du Mental,
De l'Égo,
De l'Intellect.**

Pourquoi Continuez À Voyager

Quand
VOUS
ÊTES
LA
DESTINATION?

VOUS ÊTES
Avant le Monde.

Avant
L'Univers.

VOUS ÊTES
Avant
Tout.

Comme Vous Étiez
Avant d'Être,

RESTEZ COMME CELA.

Vous Étiez

Totalement

Inconnu de Vous.

La Présence
Ne Connaît Pas
Sa Propre Existence.
La Présence est
Sans Connaissance.

Il n'y a
Pas d'Expérience,
Pas d'Expérimentateur,

Pas de Témoin,
Pas de Conscience.

Vous Êtes Inquiet
Au Sujet de la Mort
Parce Que Vous Pensez Que
Vous Êtes Quelqu'un.

VOUS
ÊTES
NON NÉ.

SOYEZ AVEC VOUS.

Juste Soyez
Avec le
"Juste Soyez".

Vous Êtes Déjà
La Vérité Finale
Sans Imagination
Sans Concepts.

La Connaissance Liée
Au Corps-Forme

DOIT SE DISSOUDRE.

C'est le
PRINCIPE

**DERRIÈRE
LA SPIRITUALITÉ.**

BRISEZ

Le Cercle Vicieux
Du
Fantôme de la Peur.

Et Acceptez que

"Je Ne Meurs Pas.

Je ne Suis pas Né".

Le Questionneur
EST
Le Répondeur.

Le Questionneur Invisible
À l'Intérieur de Vous
EST
Le Répondeur.

SOYEZ AVEC VOUS

**ET
ÉCOUTEZ
DEPUIS L'ABSOLU.**

**LISEZ VOTRE LIVRE.
C'EST L'ÉDITION
FINALE.**

Le Corps
Peut Souffrir
Mais
PAS VOUS.

J'Invite l'Attention de
"CELA" -
Comment Vous Étiez
Avant
La
Connaissance liée au Corps.

REGARDEZ À L'INTÉRIEUR.

**Lisez
VOTRE Livre.**

**Visitez
VOTRE Temple.**

**Cherchez
VOTRE Site Internet.**

La Réalité n'est Pas
Comprise.

Quand Vous
Comprenez Quelque Chose
C'est Séparé
De Vous.

VOUS ÊTES LA RÉALITÉ.

Le Corps
Est le
MÉDIUM
À TRAVERS LEQUEL

Vous Pouvez
Vous Connaître Vous-même

Sans le Corps
IL NE PEUT PAS
Y AVOIR
D'ÉVEIL.

Nous Pensons À
La Projection
Plutôt qu'au
PROJECTEUR.

Restez avec la
RACINE DE LA CAUSE

LA SOURCE
D'où
La Projection
Est Projetée.

Le Maître
Qui Vous MONTRE
L'Ultime Réalité
À l'Intérieur de Vous

Et
QUI NE FAIT PAS QU'EN PARLER
EST
Un Vrai Maître.

Regardez-Vous Vous-même
Soustrayez le Corps-Forme et
VOYEZ
Comment Vous Êtes.

Le MAÎTRE
Vous MARTÈLE.

En Même Temps
Le NAAM MANTRA
Vous MARTÈLE.

Lentement Silencieusement
En Permanence

TOUS les Concepts
Illusoires
Seront Supprimés.

Le Maître
Ne Vous Donne Rien
QUI NE VOUS APPARTIENNE PAS
DÉJÀ.

Il Supprime
LES CENDRES DE l'IGNORANCE
RIEN DE PLUS.

Le Soleil
Brille déjà.

La Méditation est
Seulement un Processus.

Le Méditant
Invisible
Est
Votre
Identité Finale.

**Votre Maison
Est Surpeuplée
Avec
Le MENTAL,
L'ÉGO,
L'INTELLECT.
EXPULSEZ
Les Locataires!**

C'est une Cage
Pas une Maison.
Vous Demeurez
Dans une Cage
Mâchant une carotte.
La Cage Peut Être
En Or, en Argent,
En Cuivre ou en fer.
Quoi qu'ils vous arrivent:
Les Gens Riches Ont
Une Cage en Or,
Les Pauvres en Fer...
... Toujours une Cage.

Votre Présence n'est
PAS
Une Présence Physique,
PAS
Une Présence au Niveau mental.

La Présence EST Spontanée.

Elle n'a PAS de Forme,
PAS de Forme.

Ne Soyez Pas

Un ESCLAVE

De
Votre
Mental   Égo   Intellect

ALLEZ CONTRE
LE FLOT.

**SOYEZ UN
MAÎTRE DE LA RÉALITÉ**
Et Pas Juste un
Maître de Philosophie
Ou de Spiritualité.

Un Professeur Peut ENSEIGNER
En PARLANT de la Vérité
Quand
Un Maître LA VIT.

Toute la Puissance
Toute l'Énergie
L'ESPRIT ENTIER
EST DANS VOUS.

Tout Démarre Avec Vous
Et Finit Avec Vous.

Le Monde Entier est
Projeté Hors de Votre
Présence
Spontanée Invisible.

Au Moment
De la Dissolution du Corps,
Le Monde Entier
Disparaît.

Qui Meurt?

Qui Vit?

Juste
QUESTIONNEZ LE SOI.

PERSONNE Ne Meurt.

PERSONNE Ne Nait.

Votre Maison n'est
PAS
L'Angleterre, l'Inde ou
La France.

VOTRE DOMICILE
EST LE
MONDE.

Votre Présence est
Comme le Ciel.

AU-DELÀ DES LIMITES.

Vous Êtes Partout.

**Ce N'est
PAS une Approche
Intellectuelle.**

**PAS une approche
Logique.**

**PAS une approche
Égotique.**

**TOUTES CES CHOSES
SONT VENUES APRÈS
VOTRE PRÉSENCE.**

À Cause de Ce
Corps de Nourriture

À CAUSE DE
LA CONNAISSANCE
LIÉE AU CORPS DE NOURRITURE

VOUS AVEZ
OUBLIÉ
VOTRE
IDENTITÉ.

AMOUR
ET
AFFECTION
Sont
Les Mots littéraux
De la
Base du Corps.

Quand vous êtes Apparu
Avec le Corps,
Vous avez Créé
Un Grand Champ d'Illusion –

Être,
Non Être,
Éveil, Non Éveil,
Conscience.

Soyez Brave!
Sortez de ce Champ!

Avant d'Être
Il y avait la Présence.

LA PRÉSENCE
EST
SANS NOM.

Oubliez
Tous Les Mots
Les Mots Polis
Que Nous Avons Créés.

Cette Pratique de la
Méditation
Est
Aussi une Illusion
MAIS
Nous Devons Utiliser Une Épine
Pour Enlever
Une Autre Épine.

Plus Tard,
La Pratique Entière
N'Est Plus Nécessaire.

Vous Êtes Inquiet
Au Sujet de la Mort
Parce Que

Vous PENSEZ Que
Vous Êtes Quelqu'un.

Vous
Êtes
NON NÉ.

Il n'y a
PAS DE 'VOUS'

PAS DE 'DEVENIR'

Et

RIEN À 'OBTENIR'.

Écoutez-Moi !

Le Monde Entier
Y Compris
TOUS les Livres
TOUS Les Maîtres
TOUTE La Connaissance
Spirituelle

SONT UNE
PROJECTION

de
Votre Présence
Spontanée.

Vous vous
Concentrez
Sur

"Je Suis"

Et
Vous Ignorez
Le
CONCENTRATEUR.

Il y a
SEULEMENT UNE SOURCE.
Vous Êtes La Source.
Il y a
**SEULEMENT
LE SOI SANS SOI.**

Comme mon Maitre
l'a Déclaré:
"Il N'Y A RIEN.
Excepté Le Soi sans soi.
Pas de Dieu, Pas de Brahman,
Pas d'Atman,
Pas de Paramatman,
Pas de Disciple,
Pas de Maître".

Nisargadatta Maharaj
Avait une
Exceptionnelle Puissance.

Je Partage la
Même Connaissance
Avec
Chacun.

C'est
Le Bon Moment.

La Représentation

De

Dieu

Est

Votre

Réflexion.

Tout

Ce Que Vous Voyez

Après

Votre Présence

EST   L'ILLUSION.

La Réalité
Est
Gravée

Dans
L'Auditeur Invisible

Qui
Ne Peut Pas Être
Supprimé.

Vous Donnez
De l'Importance
Au Vu
Et
PAS AU VOYANT.

Tous les Dieux et
Toutes les Déesses
SONT EN VOUS.

Le Monde Entier Est
Votre Projection
Spontanée.

Se Connaître Soi-Même
Dans un Sens Réel,
C'est la Connaissance.

Vous vous Noyez
Dans l'Ignorance.

Vous vous noyez
Dans une Mer de Mots.

Vous Êtes Couvert
De Cendres.

Sous les Cendres,
Le Feu
Brûle.

Le Maître
Enlève les Cendres.

Vous Pouvez
Tout Savoir
Sur le Monde Entier
Mais
VOUS NE VOUS CONNAISSEZ
PAS
VOUS-MÊME.

ENTREZ
Dans Votre Propre Champ
De Réalité.

Les Expériences
Sont Apparues
Sur Votre
Présence Spontanée.

ELLES SERONT
DISSOUTES.
LE PROCESSUS DE FUSION
EST
EN MARCHE
VERS
L'UNITÉ.

Il N'y à Rien
Excepté
Votre Soi sans soi.

Il N'y a Nulle Part Ailleurs
À Aller.
Donc Soyez Fort.

ARRÊTEZ
Avec Votre Maître Intérieur.

ARRÊTEZ
Avec Votre
GOUROU INTÉRIEUR.

Oubliez le Passé!

Il n'y a PAS de Passé.

Passé Présent et Future
SONT
Des Concepts.

Arrêtez de Vous Mesurer
Vous-même dans
Le Corps-Forme.

C'est
La
GRANDE ILLUSION.

Quand Vous vous
Éveillez d'un Rêve,
Le Monde Entier de Rêve
Juste Disparaît.

De la Même Façon,
Ce Monde Est
Juste un Rêve,
Un Long Rêve,
Qui Aussi
Disparaîtra.

La Présence
Ne Dort Pas,
Ne Rêve Pas.

L'Éveil ou le Sommeil
Sont des Expériences
Du Corps Seulement.

Il n'y a Pas de Jour,
Pas de Nuit,
Pas de Rêve.

Est-ce que le Ciel Dort?

Le Maître
Vous Convainc
De Votre Réalité.

Puis Vous DEVEZ
Vous Convaincre Vous-Même.

Se Convaincre Mène à
LA CONVICTION:

Vous ÊTES
L'Ultime Vérité,
La Vérité Finale.

Connaissance Signifie
La Connaissance
De Soi.

La Dévotion Signifie
La Perfection
De
Cette Connaissance.

**Au Niveau Initial
Vous Êtes un Dévot.
Au Dernier Niveau
Vous Êtes la Déité.**

**Dévot et Déité.
Dévot et Déité.**

Pas de Séparation.

**La Déité Connaît
À TRAVERS le Dévot.
La Déité Réside
À L'INTÉRIEUR du Dévot.**

LE NAAM MANTRA
Est un Outil Puissant
Qui Dissout
La Connaissance liée au Corps,
Réduisant les Forces du
Mental   Égo   Intellect.

Il Vous Rappelle
Votre Vrai Nom –
RÉALITÉ,
Régénérant Constamment
Votre Puissance.

Seul un
Maître Réalisé

**QUI CONNAÎT
TOUS
Les Détails**

Peut Vous Mener
À
L'Ultime Réalité.

Même Après la Lecture
De Livres Spirituels
Vous ne Trouvez Pas
La Réalité.

Donc,
Quoi Que Vous Trouvez,
RAPPELEZ-VOUS!
Que le
TROUVEUR LUI-MÊME
Est l'Ultime Vérité.

Le Trouveur est la
MÊME VÉRITÉ
Que vous Essayez
De Découvrir.

L'Orateur Invisible
Dans MOI et
L'Auditeur Invisible
Dans VOUS sont
UN et le MÊME

C'est
La Connaissance Directe
De
L'Orateur Invisible
À
L'Auditeur Invisible.

Ce Que Vous VOYEZ
Est L'Illusion.

CELA

À TRAVERS
Lequel
Vous VOYEZ

EST

LA RÉALITÉ.

L'Égo lui-même
Est L'Illusion Parce Que
Il n'y a pas de 'JE' ou 'VOUS'
ou 'IL' ou 'ELLE'.

Il n'y a
Rien là.

L'écran est
Complètement Vierge.

Vous Êtes

La DESTINATION FINALE.

Il n'y a

RIEN

Au-Delà.

Arrêtez de Chercher
Le Bonheur
Ou
La Réalité
Dans un Rêve

Et

VOUS VOUS RÉVEILLEREZ.

**Ne Restez Pas
Derrière Vous
Jusqu'à la Fin
De Votre Vie.**

**Votre
Maître Intérieur
Est
Votre Meilleur Ami.**

Le Monde Entier
est votre
OMBRE
SPONTANÉE.

Vous Avez Embrassé
L'Ombre
Comme si c'était la
Réalité.

Donc
IL Y A LA PEUR.

OÙ TOUTE

RECHERCHE

FINIT

LÀ VOUS ÊTES.

Vous Devez Avoir
Une Complète Confiance
Dans Vous-Même
ET dans le Maître.

POURQUOI?
Parce Que
VOUS N'AVANCEREZ PAS
Dans
L'Inconnu
Des Eaux Inexplorées
SANS LA CONFIANCE
DANS LE MAÎTRE.

L'Inconnu est Venu
À l'Existence
Et est Devenu Connu
À Travers le Corps.
L'Inconnu est Venu
Pour
Être Connu.

Le Connu
Sera Absorbé
Dans l'Inconnu.

Je Vous Rappelle
Votre Essence de Maître.

VOUS ÊTES UN MAÎTRE.
Pas Besoin de Chercher les
Bénédictions des Autres.

Posez Vos Mains
Sur Votre Propre Tête et
BÉNISSEZ-VOUS VOUS-MÊME.
Prosternez-Vous
Devant votre Soi sans soi.
TOUT
EST DANS VOUS.

Les Chercheurs Lisent des Livres
et sur la Base de Leurs Lectures
Ils Forment un Cadre.

Ensuite,
Ils Espèrent des Réponses
De l'Intérieur du Cadre.

**LE MAÎTRE N'EST PAS
DANS LE CADRE**

Il est Hors du Cadre.

Comment Vous Étiez
Avant d'Être,
Et
Comment Vous Serez Après
La Disparition de l'Être
EST l'Ultime Vérité.

Vous Êtes
Complètement Inconscient
De Votre Existence.

COMPLÈTEMENT INCONSCIENT
DE VOTRE EXISTENCE.

Nous Avons Créé les Mots
Et Nous Leur Avons Donné
Des Significations.

Nous disons 'Dieu' est une Déité
et Le 'Singe' est un Animal.

Si nous disons
Le Singe signifie Déité.
Qu'arrive-t-il? RIEN!
C'est simplement les Mots
Qui ont Changé

PAS L'ESSENCE
Ou la Substance.

L'Unité
N'a Pas de Mère,
Pas de Père,
Pas de Frère,
Pas de Sœur.
Ce Sont des
RELATIONS AU CORPS.

OÙ ÉTAIT
VOTRE FAMILLE
AVANT D'ÊTRE?

Utilisez la Discrimination!

Ce n'est PAS une Idée
MAIS LA VÉRITÉ.

VOUS N'ÉTIEZ
JAMAIS NÉ.
DONC COMMENT
POUVEZ-VOUS
MOURIR?

Si Vous Écoutez
La Source
De
Votre Connaissance
Avec une
Confiance Totale,

Il y Aura une
Élévation Spontanée
De
Votre Puissance Intégrée.

Le Maître
Vous Donne
Des Lunettes à Porter.

Les Lunettes de Dieu.

DES YEUX
Pour
VOIR À TRAVERS
Le
Monde Illusoire.

Qu'Il

N'y Ait

RIEN,

EST CONNU

SANS

L'Aide du Mental.

Les Expériences
Sont Projetées
Depuis Votre Présence.

Quand l'Expérimentateur
Et les Expériences
Se Dissolvent

LÀ VOUS ÊTES.

Vous Avez Besoin de

COURAGE

Pour dire

"A D I E U"

À

Ce
Monde Illusoire.

LE CHERCHEUR

QUI CHERCHE

EST

L'ULTIME VÉRITÉ.

Vous Avez Lu
Ce Livre-ci
Et ce Livre-là.

Tant de Livres!

Quelle Est Votre Conclusion?

Toutes ces Lectures

POUR QUI?

REGARDEZ-VOUS!
REGARDEZ-VOUS!

La Réalité est Déjà Là
Reposant
À l'Intérieur de Vous.

Mais

Vous NE Regardez Pas.

La
P a i x
Est Là.

C'est
VOUS

Qui Dérangez
La
P a i x.

Quand Tous les
Processus
De Penser
Se Sont Arrêtés

Là Vous Êtes

Dans
L'ÉTAT
SANS
PENSÉE.

**Votre Présence
Était Là
AVANT d'Être.**

**Elle Sera Là
APRÈS l'Être.**

**Elle Est Là
MAINTENANT
Comme
Le SUPPORT du Corps.**

Le Gourou
N'est
Pas une Personne.

Il est
L'Impersonnel,
Le Non Manifesté,
L'Absolu Sans Forme
Dans la
Forme Manifestée.

Vous Essayez de Connaître
l'Ultime Vérité
Depuis l'Intérieur
Du
Corps-Forme.

Vous Utilisez des Livres
Et le langage pour
Trouver Votre Réalité.

Vous Prenez les Mots
Pour Vrais
Pour la Vérité.

ILS NE LE SONT PAS.

Soyez Sûr
Que la Connaissance
Que Vous Avez est
RÉELLE & PRATIQUE.

Autrement,
Vous Serez
Secoué de tremblements
DE PEUR
Sur Votre Lit de Mort.

Nous Essayons

D'AGRIPPER
CETTE CONNAISSANCE

Avec le Mental.

Votre Connaissance
Est
AVANT LE MENTAL.

La Méditation

Est-la
Constante Répétition

de
Votre Réalité

JUSQU'À
CE Q'ELLE PÉNÈTRE
FINALEMENT.

Ne Pensez Pas
Au Passé

Parce Que
Votre
Présence Spontanée
Est
Votre OBJECTIF.

En Fait,
Il n'y a
PAS DE RECHERCHE.

C'est
VOUS
Qui Êtes Manquant.

MAIS MAINTENANT
LA VÉRITÉ MANQUANTE
VOUS A TROUVÉ!

**Quand
Avez-Vous Commencé
À Avoir Besoin
De Courage et
De Paix?**

**Seulement Après
La Venue à l'Existence
De la Présence
Dans le Corps-Forme.**

Quelque Chose Doit
Être Là
À la Première Place
Pour que vous Ayez
Un Passé
Un Présent
Et un Futur.

Il n'y a
RIEN LÀ !

Vous êtes Sans Forme.

Étreignez votre Puissance.

"QUI SUIS-JE?"

N'EST

PAS

Dans le Cercle
De l'Imagination
Ou de la Conjecture.

Votre Présence est
Spontanée.

Vous Devriez Avancer

**Avec la Conviction
Et
Un Profond Ressenti**

Qui Dit:

**"Oui,
Je suis
Tout-Puissant".**

Nous Vivons Avec
Les Concepts Depuis
Le DÉBUT de l'Être
Jusqu'à
La FIN de l'Être.

Mais

Il n'y a
PAS de DÉBUT pour
Le Soi sans soi.
PAS DE FIN pour
Le Soi sans soi.

Soyez LOYAL à Vous-Même.

RESPECTEZ
Votre Soi sans soi.

ARRÊTEZ LA RECHERCHE et

CONCENTREZ-VOUS

SUR

LE CHERCHEUR

Qui est
L'Ultime Vérité.

Sans Votre Présence
Vous ne Pouvez Pas
Prononcer un Seul Mot.
Voue Êtes
Avant
Tout.

La Connaissance
Vient Après.

Vous Ne Vous
Concentrez Pas
Sur le Penseur
À Travers lequel
Vous Pensez.

Vous vous Concentrez
Uniquement Sur
L'Acte de Penser.

En L'Absence
Du Penseur
Vous ne Pouvez Pas Penser.

Votre Présence
Invisible, Anonyme,
Non Identifiée
Est
PARTOUT
Juste Comme le Ciel.

Vous Êtes Plus Subtile
Que le Ciel
Parce Que
LE CIEL
EST L'INTÉRIEUR DE
VOUS.

Vous vous Êtes Trompé
Dans Votre Amitié,
Une Fausse Amitié.
Vous Avez Mal Placé
Votre Amitié en
Choisissant le Corps
Comme Ami.
**VOUS DEVEZ ÊTRE VOTRE
PROPRE AMI.**

Votre Maître Intérieur
Est Votre Meilleur Ami.

L'Ultime Vérité

N'A PAS

Été Imprimée Dans Vous

À cause
Des
Concepts Illusoires
Qui se Sont Entassés
Dans Vous.

Tout le Monde Peut Dire

"Tout est L'Illusion."

Mais
Accepter Cela
Comme un Fait

Est
Une Histoire Différente.

Vous Êtes
L'Architecte
De
Votre Vie.
Arrêtez de Courir Ici
Arrêtez de Courir Là

Parce Que

**VOUS
NE CONNAISSEZ PAS
LE COUREUR.**

La Pensée Sans Pensée
Apparaîtra.

La Pensée est Connectée
Avec le Corps

Mais
LA PENSÉE SANS PENSÉE
Est Connectée
Avec
L'ULTIME VÉRITÉ.

Ne Soyez Pas Si Bon Marché

Que Vous

LAISSEZ

Le Monde Entier
Faire Vos Poches.

Le Bonheur est
Intégré dans Vous.

La Puissance est
Intégrée dans Vous.

Il n'y a
PAS DE PUISSANCE
À L'EXTÉRIEUR DE VOUS.

Il n'y a Rien
Excepté
Le Soi sans soi.

C'est une
GRANDE HONTE.

UNE CALAMITÉ
D'Accepter
Ce que
Vous n'Êtes Pas.

Et de
Continuer

À PLEURER
DANS LE RÊVE.

Vous Devez Vous
Abandonner.
L'Abandon de Soi Intérieur.

Prosternez-Vous
Devant
Votre Soi sans soi.

VOUS ÊTES GRAND.

Vous Visitez
Ce Professeur-ci ou
Ce Professeur-là.

Encore Combien de Temps
Allez-vous Continuer à Visiter
Les Autres,
Quand Vous, Le Visiteur,
Êtes Vous-Même
L'Ultime Vérité.

VISITEZ LE VISITEUR.

Visitez Votre Propre Site.

Toute cette Recherche:

"Où Suis-Je?"

Quand Tout le Temps

VOUS ÊTES ICI.

Acceptez que la Réalité
SOIT À L'INTÉRIEUR DE VOUS.

Que
L'Essence du Maître
SOIT DANS VOUS.

Alors,
Finalement,
VOUS ARRÊTEREZ
D'ERRER.

**Chaque Fois
Que Vous Utilisez
Des Mots**

**Vous Êtes AUTRE
Que
Ce Que
Vous Êtes.**

Le Voyant
Ne Sait Pas
Que ce Qu'il Projette
Est sa Propre Projection.

Ce que le VOYANT Voit

EST

INVISIBLE
ANONYME
IDENTITÉ NON IDENTIFIÉE.

Vous Avez Besoin de
Votre Présence
Pour Dire 'Dieu'.

SANS VOTRE
PRÉSENCE
IL N'Y A PAS DE DIEU.

Dieu est votre enfant.

Le Maître est
Le Dieu de Dieu.

Vous Êtes Tout-Puissant.

Vous Êtes Complet
Totalement Indépendant.
VOUS ÊTES LE PÈRE
DU MONDE.

Quand Vous Êtes Venu
Dans le Corps,
Avez-vous Amené
Une Femme et des Amis
Avec Vous?

Oubliez le Rêve.

La Grande Famille est
Un Rêve.

Votre Mari, Votre Femme?
TOUT EST UN RÊVE.

Ma Présence est
DANS CHAQUE ÊTRE

Donc

Qui Puis-Je Haïr?

Avec Qui Puis-Je Lutter?

Cela est Appelé
La Réalisation Spontanée.

Quand le Connaisseur
Et
La Connaissance
Disparaissent

LÀ
VOUS
ÊTES

Sans Forme!

Un Silence Spontanée
Émerge.
LA PAIX SPONTANÉE.

Quand Tout
Fusionne dans
L'UNITÉ

Et est
ABSORBÉ.

**LE SECRET
S'OUVRIRA
À VOUS**

Quand Vous
IDENTIFIEREZ

L'Identité
Non Identifiée
Avant d'Être.

RÉVEILLEZ-VOUS!

Vous Avez une Opportunité en Or.

Vous Devez Être Piloté:

"Oui, Je Désire Savoir Qui Je Suis!

Je Désire Connaître La Réalité".

C'est un
Long
Rêve,
Un Long Film.

Vous Êtes le
PRODUCTEUR

Le **METTEUR EN SCÈNE**

Et
La **STAR.**

Connaissez
Et Soyez Tranquille!

Connaissez la Réalité
Et Soyez Tranquille!
SOYEZ
À L'INTÉRIEUR DU
SOI SANS SOI.

**VOUS ÊTES
DÉJÀ LÀ.**

Vous Êtes le Terminus.

**Avec la Lumière
Dans Votre Main**

**Vous Courez
Après l'Obscurité.**

Votre Présence
Était Là
Avant Tout.

Le Monde Entier
Incluant
Toutes les Déités
Les Maitres
Les Professeurs
Est la
Projection Spontanée
De Votre
Soi sans soi.

Le Maître Place
Le Chercheur
Avant Vous.
Vous
Voyez le Chercheur.
Asseyez-Vous Seul
Concentrez-vous
Sur Cette Connaissance.
C'est la lisière, la rive.

LAISSEZ-LA VOUS TOUCHER
AU PLUS PROFOND
DE VOTRE CŒUR.

Lentement
Lentement
L'Identité du Corps
Fusionne
Et
Se Tourne Vers
L'Ultime Vérité

Où

Il n'y a
Pas d'Expérience
Pas d'Expérimentateur.

Acceptez la Vérité
Que

**VOUS ÊTES
L'ABSOLU**

Sans Prononcer

Un

Seul Mot.

Vous Êtes Tout

**Et Tout est
À l'Intérieur de Vous.**

**Il n'y a
Rien
Excepté
Le Soi sans soi.**

**Il n'y a Nulle Part
À Aller
Au-Delà**

**De la
Connaissance Directe
De
L'Ultime Réalité.**

Je Vous Ai Présenté
Avec le
**PLATEAU EN OR
DE
LA RÉALITÉ.**

Ce N'est Plus la Peine
D'aller Mendier.

**VOUS ÊTES
LA
DESTINATION FINALE.**

VOUS

VOUS INSULTEZ

VOUS-MÊME

EN IGNORANT

VOTRE

SOI SANS SOI.

Où Tous les Chemins Finissent
Là Vous Êtes.

Maintenant Vous Pouvez
Jeter la Carte.

Oubliez-la!

Vous Avez Atteint
La Dernière Station
L'ULTIME STATION.

J'Essaye de
Vous Sortir
Du
Cercle Vicieux
De l'Illusion.

Mais à Nouveau,

Vous Désirez Retourner
Dans le Fossé.

ARRÊTEZ!
Arrêtez de faire le Clown!

Le Samadhi est une Illusion
Parce Que

VOUS
Expérimentez
Le Samadhi,
Le Silence,
La Paix.

Au Stade Ultime
Il n'y a Pas de Paix
Pas de Silence.
Rien n'est Là:
Pas de Témoignage,
Pas d'Expérience,
Pas d'Expérimentateur.

Maintenant Vous Savez
Que
Vous Êtes
L'Ultime Réalité
La Vérité Finale.

Faites Attention
À La Réalité.

NE NÉGLIGEZ PAS
LA RÉALITÉ.

LE BONHEUR

EST

U N

V O I L E

SUR

VOTRE PRÉSENCE.

**TOUS LES DOUTES
DOIVENT ÊTRE
ÉCLAIRCIS.**

Faire Grandir les Racines
De l'Arbre de la Spiritualité
Prend Beaucoup de Temps.

Mais cet Arbre
Peut Être Coupé
En Quelques Minutes.

J'ai Planté dans Vous
L'Arbre fournissant
Le Nectar de la Réalité.
Maintenant Vous DEVEZ
Prendre Soin de Lui.

Vous Viendrez
À Connaître L'Inconnu.

Mais Si Vous ne l'Arrosez Pas,
Si vous ne le Fertilisez Pas,
IL MOURRA.

Il y a Déjà une Statue
De la Déité
À l'Intérieur de Vous.
Elle a juste Besoin
D'Être Façonnée.
Le Maître Fait le Travail
Sur la Sculpture,
Martelant,
Enlevant Les Parties
Non Désirées.
Jusqu'au Moment,
Où la Déité
Se Révèle
Dans Toute Sa Splendeur.

Vous Êtes Comme le Ciel.
Il n'y a Pas de 'JE'
Dans le Ciel.
Abandonnez Votre Attachement
Au Corps.

DISSOLVEZ TOUTE PEUR.

Utilisez le COURAGE
Qui Vient de
SAVOIR
Que Vous Êtes
NON NÉ.

CONTINUEZ à ABANDONNER
Les Concepts Illusoires.

Continuez à Abandonner

le soi

du

SOI

Sans Soi.

Il n'y a Pas de Monde
Et Pas de Mot
Pour Le Réalisé.

**VOUS ÊTES
TOTALEMENT
ABSORBÉ
DANS
VOUS-MÊME.**

Absorbez la Connaissance
Et Savourez.

Il n'est pas Nécessaire
D'Avoir
Une Face de Carême.

Je Partage une
Connaissance Heureuse.

VOUS ÊTES LIBRE
DONC SOYEZ HEUREUX.

Vous Êtes UN
Avec
Le Soi sans soi.

Vous Avez Fusionné.
L'UN
Avec Le Soi sans soi.

MAINTENANT VOUS SAVEZ:
Ma Présence
Est Comme le Ciel
Et Elle Est
Dans Chaque Être.
IL N'Y A AUCUNE
SÉPARATION.

**Ce Qui
Ne Peut Pas Être Exprimé
Est un
SIGNE DE LA RÉALITÉ.**

Allez de Plus en plus

Profondément

Dans Votre

Soi sans soi.

La Porte
Sera Largement Ouverte

Ouverte
Ouverte Ouverte

Jusqu'à ce que Vous Voyez
Votre Soi sans soi

EN PLEINE LUMIÈRE.

LÀ,
Vous Verrez
LE PRINCIPE,

Le Silence

De l'Auditeur Invisible

SILENCIEUX.

Au-Delà de Cela –

RIEN.

Vous Désirez
Rester dans le
Monde Illusoire.

Mais
En Même Temps

Vous Désirez
Connaître la Réalité.

IMPOSSIBLE!

L'Ultime Réalité
N'Émergera Pas
Avant que Vous Ayez Dissous
Toute la Connaissance
Liée au Corps.

Quand Vous n'Aurez Plus du
Tout Besoin du Bonheur

**VOUS AUREZ ATTEINT
LA DESTINATION.**

La Caverne de la
Connaissance

Est
Maintenant
Ouverte Pour Vous.

Prenez Autant
De Trésors
Que Vous Voulez.

Comment Vous Étiez
Avant d'Être
EST
La Réalisation de Soi.
Au-Delà des Mots
Et des Mondes.

Elle est Appelée Présence,
Esprit, Dieu, Brahman, Atman,
Ultime Réalité, Ultime Vérité,
Vérité Finale.

MAIS VOUS N'ÊTES PAS
UN MOT.
VOUS ÊTES SANS NOM.

VOUS ÊTES LE MAÎTRE.

Décidez quelle Attention
Vous Souhaitez Donner
Aux Pensées.

Si Vous Prêtez Attention Aux
Pensées Non Désirées
Il y Aura de la Souffrance.

Si Vous les Ignorez
Pas de Souffrance.

Allez à l'Intérieur
Et
Soyez à l'Intérieur du
Soi sans soi.

REGARDEZ-VOUS!

Essayez de Voir
Le Voyant.

Alors que Vous
Essayez de Voir le Voyant,
LE VOYANT
DISPARAÎTRA.

Savourez le Secret
De Votre Vie.

Que Désirez-Vous?
Rien.

Qu'Avez-Vous Besoin?
De Rien.

Parce Que
Vous Savez Que
TOUT EST DANS VOUS.

Ne Tombez Pas
Dans le Piège des
Attractions Mondaines
Qui Sont Partout.

Rappelez-Vous Que
Vous Avez Créé
Ces Illusions.

MAYA
EST
VOTRE
BÉBÉ.

Au Niveau Ultime
La Présence est Dissoute.

VOUS NE SEREZ PAS CONSCIENT

Quand

LA PRÉSENCE

Devient

OMNIPRÉSENCE.

Soyez Guidé Par Un Désir:
Le Feu Qui
Constamment
Brûle dans Vous.

Un Intense Désir
Pour Aller
De Plus en Plus Profondément.

AVANCEZ!

Soyez de Plus en Plus Proche
Du Soi sans soi.

La Connaissance Spirituelle
Est aussi

LA GRANDE ILLUSION.

Elle est Là

Seulement

Pour Supprimer

La Première Illusion.

UNE FOIS QUE VOUS SAUREZ

Que Vous N'Êtes
Pas le Corps

Que Vous N'Êtes
Pas le Mental

Que Vous N'Êtes
Pas un Individu

**VOUS AUREZ
LA CONVICTION.**

Après cette
Conviction
Spontanée

Vous N'Aurez Plus
Besoin de la Connaissance.

La Connaissance
Est L'Illusion.

**VOUS ÊTES
L'ADORÉ
L'ADORATEUR
ET
LE CULTE.**

La Réalité Spirituelle
S'Écoule
Maintenant.

Continuez à Mâcher
Le Chocolat
De
La Présence.

Quand Vous Rencontrez
Le Maître
Vous vous Rencontrez
Vous-Même.

L'Esprit Voit
Sa Propre Réflexion
Dans le Maître,

SE RECONNAÎT LUI-MÊME,
RÉPOND,
Et

Se Met à
Danser à Nouveau.

Après
La Conviction
Spontanée
Il y Aura
UNE PAIX
AU-DELÀ DE
L'IMAGINATION
Et
UN BONHEUR
EXCEPTIONNEL
SANS AUCUNE
CAUSE MATÉRIELLE.

SOYEZ TRANQUILLE ET HEUREUX

Dans le
FLOT
Du
Contentement
Intérieur
Et
De
La Paix.

Le Bonheur
Spontané
Est la Flagrance
Du Soi sans soi.

Cela Signifie Que la
Connaissance

**VOTRE CONNAISSANCE
A
ÉTÉ
ABSORBÉE.**

Étreignez
Le Soi sans soi
Et Allez
DE PLUS EN PLUS
PROFONDÉMENT

DE PLUS EN PLUS
PROFONDÉMENT.

SOYEZ AVEC VOUS
CONSTAMMENT.

"Connaissance Spontanée, Connaissance Directe"

SOI SANS SOI

Entretiens Avec

Shri Ramakant Maharaj

Édité par Ann Shaw

*"Votre Présence Spontanée est Invisible,
Anonyme, Identité Non Identifiée."*

*"Vous avez lu tous les livres,
mais avez-vous lu le Lecteur?"*

"Il y a la Paix. C'est vous qui dérangez la Paix."

ISBN:
518 Pages - 177 Chapitres

ENSEIGNEMENTS ESSENTIELS
Disponible d'AMAZON et librairies majeures.
PUBLIÉ par **Selfless Self Press**

www.ingramcontent.com/pod-product-compliance
Lightning Source LLC
Chambersburg PA
CBHW021123300426
44113CB00006B/273